BIBLIOTHÈQUE ILLUSTRÉE DES VOYAGES
AUTOUR DU MONDE
PAR TERRE & PAR MER
DIRECTEUR : C. SIMOND

CASTONNET DES FOSSES

Cuba et Puerto-Rico

LIBRAIRIE PLON, RUE GARANCIÈRE 8, PARIS

BIBLIOTHÈQUE ILLUSTRÉE
DES
Voyages autour du Monde
PAR TERRE ET PAR MER

DIRECTEUR : C. SIMOND

Éditeurs : E. PLON, NOURRIT et Cⁱᵉ, 10, rue Garancière, PARIS

IL PARAIT UN VOLUME PAR SEMAINE

Chaque volume contient 34 pages de texte, en caractères neufs, enrichies de 12 à 20 gravures d'après les photographies et dessins originaux fournis par les voyageurs eux-mêmes. Des cartes et plans permettent de suivre le récit. Un *Courrier de la semaine* tient au courant de tous les événements se rattachant à la géographie et donne ainsi à chaque fascicule la valeur de l'actualité.

PRIX DE CHAQUE VOLUME EN LIBRAIRIE : **15** CENT.
PAR LA POSTE : **20** CENT

En vente chez tous les libraires et marchands de journaux, dans les gares et chez l'Éditeur.

ABONNEMENT
AUX 52 VOLUMES D'UNE ANNÉE

France. . . . . **9** francs
Union postale. . . . . **11**   —

Les abonnements partent du 1ᵉʳ numéro de chaque mois.
Le service des abonnés est remis à la poste le jeudi de chaque semaine.

Pour s'abonner, envoyer à MM. E. PLON, NOURRIT et Cⁱᵉ, Éditeurs, 8 et 10, rue Garancière, PARIS, le montant de l'abonnement en mandat-poste, timbres-poste français ou valeur à vue sur Paris. On peut également s'abonner chez tous les libraires.

Les quatre premières livraisons seront envoyées gratuitement comme prime à tous les abonnés d'un an (France et Étranger) qui souscriront avant le 1ᵉʳ janvier 1898.

MÉMENTO GÉOGRAPHIQUE
ÉVÈNEMENTS ET FAITS IMPORTANTS

Courrier de la Semaine. LXI. (Décembre 1898.)

GÉNÉRALITÉS

Congrès de Géographie. — Le prochain congrès international de géographie aura lieu à Berlin du 28 septembre au 4 octobre 1899. C'est le septième de la série. Le premier a été tenu à Anvers en 1871. Le dernier (6e) à Londres, en 1895. Le programme du prochain Congrès qui vient d'être lancé par la société de géographie de Berlin comporte huit points : géographie mathématique, géodésie, cartographie...; géographie physique; voies de communication; histoire de la géographie; enseignement de la géographie; voyages; ethnographie, etc. Des excursions seront organisées pour les régions les plus intéressantes au point de vue physique ou industriel. Le droit de souscription est fixé à 25 francs.

Courants océaniques. — Sur l'initiative du gouvernement de Washington, d'intéressantes expériences avaient été entreprises, il y a quelque temps déjà, en vue d'étudier la vitesse des courants océaniques. Des bouteilles furent lancées par les capitaines des navires de haute mer sur divers points de l'Océan. On comparait ensuite, à leur arrivée aux côtes, le temps mis pour parcourir les différentes distances. Les premiers résultats viennent d'être établis de la manière suivante : la plus grande vitesse des courants océaniques a été constatée dans l'Atlantique. Son courant équatorial est d'environ 21 milles par jour. Ailleurs, la vitesse varie entre 4 et 10 milles par jour. Des bouteilles trouvées près de l'Islande avaient navigué à raison de 4 milles par jour; celles parvenues aux côtes de France, d'Angleterre, d'Irlande, 6 milles. Dans l'Inde occidentale, la vitesse parait être de 8 milles environ.

AFRIQUE

Tunisie. — Une école d'agriculture coloniale a été récemment créée à Tunis. Elle compte une quarantaine d'élèves inscrits et un plus grand nombre d'auditeurs libres désireux de s'instruire pour en faire leur profit dans les entreprises agricoles. Aux portes de Tunis, les céréales d'Europe, ainsi que la vigne, réussissent à merveille; on peut y cultiver aussi en grandes quantités le coton, l'arachide, la canne à sucre; comme cultures tropicales : café, cacao, vanille. Le jardin d'essai dont nous avons déjà eu l'occasion d'entretenir nos lecteurs (*Mémento* n° 54), et qui existe depuis plusieurs années en Tunisie sert de champ d'expériences à l'École. Ce jardin s'étend sur 25 hectares; il est destiné à expérimenter diverses cultures et, de plus, à fournir aux colons comme aux indigènes des graines, des greffes, des arbres. Au jardin se trouve annexée une ferme de 50 hectares d'étendue où l'on fait des essais d'élevage. Le directeur de l'agriculture en Tunisie, M. J. Dybowski, conseille aux colons de ne pas entreprendre les cultures sur de trop grandes étendues de terrain. Dans l'impossibilité de donner au sol les soins et les engrais nécessaires, la terre est vite épuisée.

ASIE

Les chemins de fer en Sibérie. — Le 5 octobre dernier le premier train du chemin de fer transsibérien est arrivé à Irkoutsk. La ligne est virtuellement terminée jusqu'au lac Baïkal. De l'autre côté du lac, les rails sont posés jusqu'à Stretinsk. Mais l'œuvre principale accomplie durant l'année 1898 par les ingénieurs russes est l'exécution de la voie Vologda-Archangel (ou Arkhangelsk), réunissant ainsi l'intérieur de l'empire à la mer Blanche. Le *Mémento* a signalé déjà les diverses améliorations apportées par l'administration russe dans l'aménagement des voitures qui font le service de la grande ligne. Sur les grandes lignes américaines, les voyageurs disposent, comme on sait, de wagons-bars, de wagons-restaurants, de wagons-théâtres et de wagons-églises. A toutes ces distractions destinées à rompre la monotonie de la traversée, les Russes ont ajouté des stades de cycles fixes. Les voyageurs fatigués de rester trop longtemps assis ou couchés sur les banquettes peuvent se dégourdir les jambes en se livrant à l'exercice de la pédale!

Indo-Chine. — L'Indo-Chine est à

l'ordre du jour. La Chambre a adopté le projet d'emprunt de 200 millions de francs destinés à créer les voies de communication indispensables au développement de la colonie. Nous avons indiqué déjà les avantages que les capitaux français retireraient de cette entreprise. Le commerce national aura là, d'autre part, un débouché des plus importants. Les transactions commerciales de la métropole avec ses colonies n'ont cessé de progresser durant les dix dernières années. En 1888, les importations de France étaient : pour la Cochinchine et le Cambodge, 9,687,000 francs ; en 1897, elles sont de 20,825,000 francs; pour le Tonkin, 1888, 6,521,000 francs; en 1897, 14,732,000 francs; pour l'Annam, 1888, 11,000,000 ; en 1897, 225.000,000. Une progression presque identique est constatée dans les chiffres des exportations indo-chinoises. En 1888, la colonie exportait en France pour 2,140,000 francs, dont 1,976,000 francs de Cochinchine et du Cambodge, 164,000 francs du Tonkin. L'Annam ne fournissait encore rien à la France européenne. En 1897, on constate 14,283,000 francs pour la Cochinchine et le Cambodge ; 1,459,000 francs pour le Tonkin et 306,000 francs pour l'Annam.

Office de l'Indo-Chine. — Nos lecteurs savent qu'il existe déjà à Paris un office national pour le commerce à l'étranger. Par arrêté du 1er septembre 1898, M. Doumer, gouverneur général de l'Indo-Chine, vient de créer à Paris un « Office de l'Indo-Chine », destiné à centraliser et à tenir à la disposition du public tous les renseignements concernant notre grande colonie. La direction comprendra six sections : agriculture, commerce, industrie, mines, travaux publics, renseignements divers. Ainsi, pour l'agriculture, un tableau indiquera les concessions à faire dans la colonie, qualité du sol, surface, etc. Le commerce, l'industrie, seront renseignés sur les produits locaux, sur les articles d'Europe susceptibles de trouver un écoulement. Les ingénieurs des mines, les officiers du génie trouveront des indications sur les exploitations en cours, celles à obtenir pour les « travaux publics », entreprises des grandes voies ferrées, lignes à construire, plans, devis, etc. Enfin les personnes intéressées recevront tous renseignements sur les conditions de la main-d'œuvre, la cherté de la vie, l'acclimatement (section des « renseignements divers »). Afin de ne pas grever le budget par la création de cet important service, M. Doumer a eu l'heureuse et excellente idée d'attacher à l'« Office » les fonctionnaires de la colonie en congé régulier pour cause de maladie. Ces fonctionnaires déjà rétribués auront là un emploi de leur temps à la fois utile et agréable et pourront rendre des services à leur pays tout en rétablissant leur santé. Les bureaux de « l'Office » seront installés au Palais-Royal, galerie d'Orléans.

OCÉANIE

Les Carolines. — A présent que l'Espagne a été par la force des choses rayée du nombre des puissances coloniales, les journaux allemands mènent une campagne en vue d'obtenir, dans le partage des colonies espagnoles, les îles Carolines. Ces îles appartiennent comme on sait à la Micronésie et sont situées à l'est de l'archipel des Philippines, auxquelles elles ont été rattachées administrativement il y a peu d'années. Leur prise de possession par l'Espagne remonte à l'année 1733. Malheureusement, comme s'expriment la plupart des géographes et voyageurs modernes, « ni elle (la colonie), ni l'Espagne, ni la science n'ont profité de cette occupation.... » Les îles, fort nombreuses, ont une superficie totale d'environ 1,450 kilomètres. Leur population, de race malaise, est évaluée à 36,000 âmes. Là aussi diverses insurrections ont eu lieu; la plus récente, celle de 1890, a été réprimée avec la dernière rigueur. En 1885, l'Allemagne, maîtresse d'une partie de la Nouvelle-Guinée, avait élevé des prétentions sur les îles Mariannes. Un conflit était sur le point d'éclater entre les deux puissances. Nous nous souvenons à cette occasion d'avoir assisté aux manifestations enthousiastes qui eurent lieu à Saint-Sébastien en septembre de cette année et dont l'écho retentit dans l'Europe entière. Des drapeaux étaient promenés à travers la ville; une foule en délire acclamait les orateurs qui prêchaient l'intégrité du domaine colonial! — On se rappelle qu'un arbitrage du pape, proclamé à la date du 17 décembre 1885, attribua définitivement les îles Mariannes aux Espagnols. L'Allemagne se soumit. Mais depuis... !

R. Lemosof.

E. PLON, NOURRIT ET Cⁱᵉ, IMPRIMEURS-ÉDITEURS, rue Garancière, 10, PARIS

L'INSTANTANÉ

SOMMAIRE DU N° DU 24 DÉCEMBRE 1898

1. M. Paul Bourget, de l'Académie française. — 2. M. Henri Lavedan, de l'Académie française. — 3. L'accident de la galerie de 30 mètres. — 4. M. de Bulow, secrétaire d'État allemand. — 5. Berlin : Le palais du Reichstag. — 6, 7. La vie au régiment : La présentation du drapeau ; L'appel du soir. — 8, 9. En Corée : La porte sud à Séoul ; Les élèves de l'école de la mission française à Séoul. — 10. L'inauguration des docks de Vladivostock (Sibérie) ; Le croiseur russe Dmitri-Donskoï entrant dans le bassin le jour de la cérémonie. — 11, 12. Théâtre : *Véronique* (théâtre des Bouffes-Parisiens) ; *Résultat des courses* (théâtre Antoine).

Prix du numéro : **15** cent.; par la poste, **20** cent.

ENVOI D'UN NUMÉRO SPÉCIMEN SUR DEMANDE

FABRIQUE DE COUVERTS & D'ORFÈVRERIE
en métal extra blanc, argenté
1ʳᵉ qualité, et en argent massif.

Aᵈ FRÉNAIS
65, boulᵈ Richard-Lenoir, Paris

Réargenture et remise à neuf des vieux couverts et toutes pièces d'orfèvrerie. — S'adresser chez les Bijoutiers.

Après les repas quelques

PASTILLES VICHY-ÉTAT

facilitent la digestion.

Ce sont les seules véritables pastilles de Vichy.
Elles se vendent en boites métalliques scellées.

5 francs — 2 francs — 1 franc.

En voyage, à la chasse, on peut préparer instantanément une eau alcaline gazeuse ou rendre sa boisson digestive avec quelques

COMPRIMÉS DE VICHY-ÉTAT

fabriqués avec les Sels VICHY-ÉTAT
2 francs le flacon de 100 comprimés.

MIGRAINES

Une seule dose de **CÉRÉBRINE**

liqueur agréable, inoffensive, *prise à n'importe quel moment d'un accès de* **Migraine** ou de **Névralgie**, le fait disparaître en moins de 10 minutes sans jamais occasionner d'inconvénients, ce dont tout le monde — le médecin comme le malade — peut se rendre compte immédiatement. — La **CÉRÉBRINE** agit merveilleusement contre les **Névralgies faciales**, rhumatismales, sciatiques, le Vertige stomacal et surtout contre les **Coliques périodiques**. — Echantillon franco-poste : **1 fr. 50**.
FLACON : 5ᶠ, franco 5ᶠ 85 ; DEMI-FLACON : 3ᶠ, franco 3ᶠ 50, 2 Echantill. franco poste 2ᶠ 60.
E. FOURNIER (Pausodun) Pʰⁱᵉⁿ, 114, Rue de Provence, PARIS et dans toutes Phⁱᵉˢ.

E. PLON, NOURRIT ET C°, IMPRIMEURS-ÉDITEURS, rue Garancière, 10, PARIS

CARTES VÉLO-KILOMÉTRIQUES
Au 250,000°
EN TROIS COULEURS

Indiquant les routes vélocipédiques, les côtes, pavés, altitudes, distances et la population; les routes et chemins vicinaux; les chemins de fer, canaux, rivières; enfin, toutes les communes et la plupart des hameaux, sur une étendue de quatre à cinq départements.

ENVIRONS DE PARIS (PARIS AU CENTRE)
A 125 kilomètres.

Comprenant : Paris — Versailles — Rambouillet — Chartres — Dreux — Évreux — Louviers — Rouen — Les Andelys — Mantes — Pontoise — Beauvais — Clermont — Senlis — Compiègne — Soissons — Meaux — Château-Thierry — Provins — Sens — Fontainebleau — Melun — Corbeil — Étampes.

Prix : En feuille sous couverture.................. 1 fr. »
— Collée sur toile et pliée pour la poche.......... 2 fr. 25

ENVIRONS DE PARIS (NORD-OUEST)
A 250 kilomètres.

Comprenant : Paris — Pontoise — Mantes — Vernon — Évreux — Les Andelys — Beauvais — Amiens — Abbeville — Neufchâtel — Dieppe — Rouen — Yvetot — Le Havre — Trouville — Pont-l'Évêque — Pont-Audemer — Bernay — Lisieux — Caen — Falaise.

Prix : En feuille sous couverture.................. 1 fr. 50
— Collée sur toile et pliée pour la poche.......... 2 fr. 75

ENVIRONS DE PARIS (SUD-OUEST)
A 250 kilomètres.

Comprenant : Paris — Sceaux — Versailles — Rambouillet — Étampes — Chartres — Châteaudun — Dreux — Nogent-le-Rotrou — Alençon — Argentan — Mortagne — Le Mans — Saint-Calais — La Flèche — Mamers — Blois — Vendôme — Orléans — Pithiviers.

Prix : En feuille sous couverture.................. 1 fr. 50
— Collée sur toile et pliée pour la poche.......... 2 fr. 75

ENVIRONS DE PARIS (NORD-EST)
A 200 kilomètres.

Comprenant : Paris — Saint-Denis — Senlis — Clermont — Compiègne — Montdidier — Péronne — Saint-Quentin — Laon — Soissons — Château-Thierry — Vervins — Mézières — Rethel — Rocroi — Sedan — Vouziers — Châlons-sur-Marne — Reims — Épernay — Meaux.

Prix : En feuille sous couverture.................. 1 fr. 50
— Collée sur toile et pliée pour la poche.......... 2 fr. 75

ENVIRONS DE PARIS (SUD-EST)
A 200 kilomètres.

Comprenant : Paris — Corbeil — Melun — Fontainebleau — Montereau — Provins — Coulommiers — Vitry-le-François — Nogent-sur-Seine — Arcis-sur-Aube — Bar-sur-Seine — Châtillon-sur-Seine — Auxerre — Tonnerre — Joigny — Sens — Montargis — Gien.

Prix de chaque carte : En feuille sous couverture.... 1 fr. 50
— Collée sur toile et pliée pour la poche.. 2 fr. 75

CARTE VÉLO-KILOMÉTRIQUE DE LA NORMANDIE
AMIENS AU MONT SAINT-MICHEL

Comprenant : Amiens — Neufchâtel — Dieppe — Rouen — Yvetot — Le Havre — Trouville — Pont-l'Évêque — Pont-Audemer — Bernay — Lisieux — Caen — Bayeux — Saint-Lô — Valognes — Cherbourg — Coutances — Granville — Avranches — Vire — Falaise — Argentan — Laigle.

Prix : En feuille sous couverture.................. 1 fr. 50
— Collée sur toile et pliée pour la poche.......... 2 fr. 75

PARIS. TYPOGRAPHIE DE E. PLON, NOURRIT, ET C¹ᵉ, RUE GARANCIÈRE, 8.

PLAN DE LA PUBLICATION

De l'avis de tout le monde, il n'y a pas de lectures plus attachantes que les souvenirs et récits de voyages. Leur grand succès sous toutes les formes populaires, journal, album, portfolio, volume, en donne la preuve.

Le charme du roman d'aventures s'y joint à l'intérêt de la réalité vécue.

Ceux qui les racontent sont des hommes déterminés, quelquefois aussi des femmes vaillantes, dont l'audace est égalée par le courage et qui étendent les conquêtes de la civilisation en lui ouvrant des voies nouvelles. Ils font, comme Colomb, Cook, Livingstone, Nansen, la découverte de régions ignorées, pénètrent, comme Ida Pfeiffer, Stanley, Brazza, dans des pays inconnus, exhument, comme Rawlinson, Layard, Jane Dieulafoy, Schliemann, des cités et des empires disparus; comme Humboldt, Agassiz, Bonpland, Bastian, Reclus, Grandidier, Maspéro, Bonvalot, Marcel Monnier, Hourst, ils enrichissent la science de leurs observations et de leurs études géologiques, ethnographiques, archéologiques, philologiques, topographiques; ils entrent en contact avec des populations indigènes, hostiles bien plus que pacifiques ou hospitalières, bravent toutes les fatigues et affrontent tous les dangers.

Quelques-uns sont victimes, comme Alexina Tinné, Flatters, Crampel, de leur intrépidité et de leur dévouement, et ajoutent leur nom à un martyrologe déjà long; d'autres succombent aux rigueurs ou aux fléaux de climats meurtriers.

Les livres qui parlent de leurs expéditions sont lus avec avidité, cités, commentés, traduits partout.

Ils seraient, dès qu'ils paraissent, dans les mains de cent mille personnes s'ils ne coûtaient trop cher.

La *Bibliothèque illustrée des Voyages autour du monde par terre et par mer* les rend accessibles à tous par la modicité de son prix.

Elle obtiendra, sans nul doute, un accueil empressé auprès du grand public, grâce à l'importance de ses auteurs, au choix des sujets, qui sont empruntés le plus souvent à l'actualité, grâce aussi à l'abondance, à la variété, à la beauté et à l'exactitude des illustrations (plans, cartes, portraits, vues), aux préfaces, aux annotations et renseignements bibliographiques qui accompagnent chaque fascicule. Le *Courrier de la semaine* raconte et explique tout ce qui, dans le domaine géographique, colonial, etc., offre un intérêt actuel.

La *Bibliothèque illustrée des Voyages autour du monde* se compose d'ouvrages français d'une haute valeur, d'ouvrages étrangers traduits avec soin, de travaux inédits. Sous une direction compétente qui a déjà été couronnée par l'Académie française pour une collection analogue, elle a comme collaborateurs l'élite des écrivains contemporains de la France, de l'Angleterre, de l'Allemagne, de la Russie, de la Suède, de la Norvège, de l'Italie et des deux Amériques.

Prime gratuite à tous les Acheteurs

ABONNÉS ET LECTEURS AU NUMÉRO

Tout acheteur des numéros 1 à 52 recevra *gratuitement* un **Atlas universel de 80 cartes**.

Pour avoir droit à cette prime il suffira d'envoyer à l'éditeur **E. PLON, NOURRIT et C**^{ie}, soit directement, soit par l'intermédiaire du libraire, les bulletins à découper, de 1 à 52, qui figurent à l'avant-dernière page de chaque livraison.

L'Atlas universel, ouvrage nouveau et en préparation, comprendra toutes les cartes importantes relatives aux différentes parties du monde, à la France et à ses colonies, à toutes les grandes villes françaises et étrangères.

VOLUMES DÉJA PARUS

1. — Marcel Monnier. — **La Boucle du Niger.**
2. — Gabriel Bonvalot. — **Le Toit du monde (Voyage au Pamir).**
3. — Similien Chevillard. — **Le Siam.**
4. — Sylva Clapin. — **Le Canada.**
5. — Frédéric Garcin. — **Les Muongs du Tonkin.**
6. — Chabrand. — **Les Barcelonnettes au Mexique.**
7. — Victor Tissot. — **L'Ukraine. — Kiew.**
8. — Jules Leclercq. — **L'Ile Maurice.**
9. — Edouard Montet. — **A travers les Pampas (République argentine).**
10. — Xavier Linard. — **L'Ile du Diable (Guyane française).**
11. — Paul Claverie. — **Les Iles du Pacifique. — Taïti.**
12. — Charles Simond. — **L'Afghanisan.**
13. — Duc Jacques d'Uzès. — **Les Boubous du Congo.**
14. — Eug. Caustier. — **Madagascar.**
15. — Achille Raffray. — **L'Abyssinie.**
16. — Louis Garaud. — **La Martinique.**
17. — Edouard Foa. — **Les mines de diamants du Cap.**
18. — Dr Ernest Davillé. — **Les Nouvelles-Hébrides.**
19. — Prince Roland Bonaparte. — **Suriname.**
20. — Guyot. — **Le Zambèze.**
21. — Olivier Ordinaire. — **Les anthropophages du Pérou.**
22. — Ch. Loonen. — **Yokohama et Tokio.**
23. — Cte Charles d'Ursel. — **Le Brésil.**
24. — Frédéric Christol. — **Les Bassoutos.**
25. — Albert Vandal. — **Les Fjords de Norvège.**
26. — Albert Davin. — **Les Iles Marquises.**
27. — Étienne Richet. — **Au Klondyke.**
28. — Général H. Frey. — **La Sénégambie.**
29. — Castonnet des Fosses. — **Vasco da Gama.**
30. — Arthur de Ganniers. — **Le Maroc.**

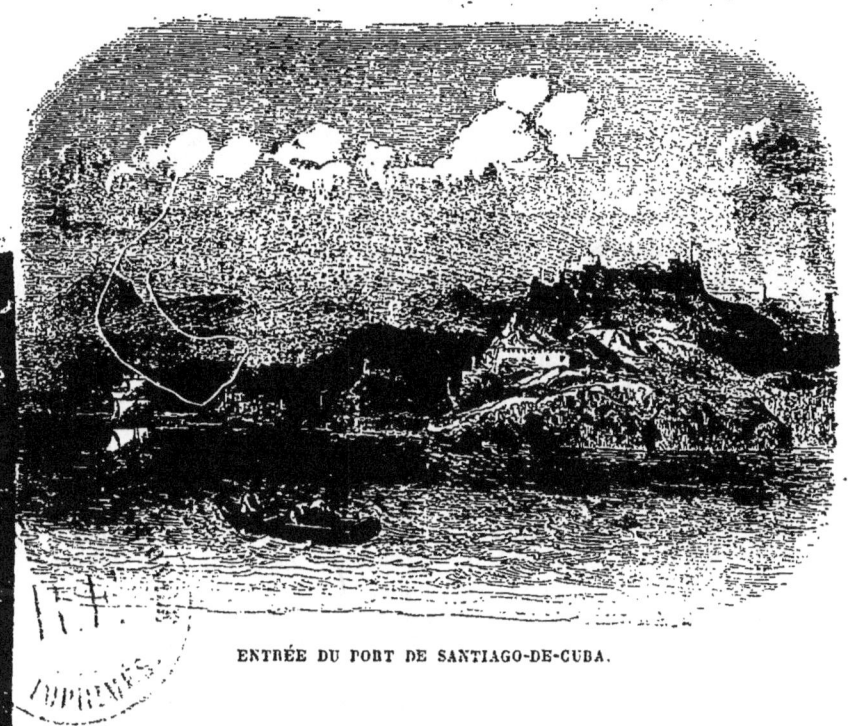

ENTRÉE DU PORT DE SANTIAGO-DE-CUBA.

LES ORIGINES DE LA RÉVOLUTION CUBAINE

I

Le 28 octobre 1492, Christophe Colomb découvrit l'île à laquelle le grand Génois donna le nom de Juana. Les indigènes la nommaient Cuba, et ce fut l'appellation qui survécut (1). En 1511, Diégo Colomb, le fils du célèbre navigateur, chargea Velasquez, gouverneur, à ce moment, du sud-ouest d'Hispaniola, de s'emparer de Cuba. Les naturels lui opposèrent quelque résistance, mais furent presque aussitôt défaits. Velasquez partagea le territoire de l'île entre les Espagnols. L'année suivante (1512), il fonda la ville de Baracoa, puis successivement cinq ou six autres. Il favorisa l'introduction des nègres, noua des relations avec Mexico, reçut le titre de capitaine général de Cuba, gouverna pendant deux ans avec habileté et assura la prospérité de la nouvelle colonie. En administrateur intelligent, il sut s'attacher les indigènes, dont il respecta les coutumes. Ses successeurs suivirent d'abord la même politique; mais lorsque, en 1539, Hernandez Soto fut appelé au gouvernement de Cuba,

(1) L'ouvrage qui fait encore aujourd'hui autorité sur Cuba est celui de Ramon de la Sagra, dont l'édition originale, en espagnol, comprend seize volumes avec planches, cartes, plans. Ce magnifique travail, qui a demandé à l'auteur vingt années d'études et de rédaction (de 1840 à 1860), renferme 5 volumes d'histoire politique, 6 volumes d'histoire naturelle, 4 volumes de botanique, et 1 volume de supplément exposant la situation de l'île en 1860, au point de vue écono-mico-politique. Il n'en a paru en français que certaines parties. Après Ramon de la Sagra, on peut citer l'*Histoire de l'île de Cuba* par de la Pezuela, et du même un dictionnaire géographique, statistique, historique de Cuba. (C. S.)

*

d'où il partit pour conquérir la Floride, un régime d'oppression s'inaugura. En 1560, la plupart des Indiens de Cuba étaient exterminés. La colonie ne fut sauvée de la ruine que grâce à l'heureuse situation de la Havane et à son admirable port, qui maintint les transactions commerciales de l'île avec l'extérieur; mais toute la région orientale déclina. L'ancienne capitale Santiago fut abandonnée, et tous ceux qui avaient quelque fortune ou quelque rôle marquant se transportèrent à la Havane.

En 1633, cette dernière ville était le siège du gouvernement colonial. Tandis que les autres Antilles avaient perdu tout éclat, Cuba seule demeurait extrêmement florissante. Aussi les flibustiers dirigeaient-ils contre elle leurs plus audacieuses entreprises, avec d'autant plus de témérité que les îlots et les rochers leur offraient un abri. La Havane, bien défendue par des ouvrages solidement construits, n'avait rien à craindre de ces attaques, mais il n'en était pas de même du reste de l'île, qui, au cours du XVII⁰ siècle, eut souvent à souffrir, surtout quand, en 1688, Puerto Principe (Port au Prince) fut pris et pillé par le fameux Morgan.

Le dix-huitième siècle ouvrit, dès son début, une ère plus avantageuse pour Cuba en général. La vie économique y trouva un développement dans l'action individuelle se rendant progressivement indépendante de la métropole. Les grands propriétaires des plantations étaient jusqu'alors peu nombreux et formaient l'élément riche de la population des villes. Dans les campagnes on menait exclusivement l'existence pastorale, en ne s'occupant que de l'élevage du bétail et des soins à donner aux troupeaux. L'opulence croissante des planteurs excita la jalousie et l'émulation des autres colons. On se mit à cultiver le tabac. Le rendement fut si fructueux que le gouverneur de l'île s'empressa de se l'approprier. Dès 1717, il s'arrogea le monopole de cette culture. Tout naturellement il en résulta des révoltes que le droit du plus fort étouffa dans le sang.

Cuba était une proie trop belle pour ne pas tenter l'Angleterre. Quand celle-ci fut maîtresse de la Martinique, ses regards de convoitise se fixèrent sur la Havane. Une flotte de quarante-quatre navires, sous le commandement de l'amiral Pococke, et une armée de débarquement de 16,000 hommes, sous les ordres d'Albemarle, furent envoyées dans la mer des Antilles. Au bout d'un mois Porto Carrero dut capituler. Les Anglais prirent possession de la ville et de ses environs, mais, après la signature de la paix, échangèrent leur conquête contre la Floride (1763).

Cette brève occupation britannique eut des conséquences décisives pour Cuba. La métropole espagnole se vit dans l'impossibilité d'y ressaisir sa suprématie administrative et commerciale. En 1765, elle fut forcée d'y abdiquer ses privilèges exclusifs, de décréter la liberté du commerce entre la Havane et l'Espagne. Ainsi naquit la véritable fortune de l'île et principalement des Havanais, qui concentrèrent en leurs mains tout le trafic des esclaves dans l'Amérique espagnole. L'essor intérieur répondit à cet élan commercial. La colonie réclama bientôt son autonomie. Cuba fut érigée en capitainerie générale ayant son administration émanée d'elle-même (1777). La guerre d'indépendance des Etats-Unis seconda encore ce mouvement; la Havane et Santiago acquirent toute liberté du commerce des esclaves en 1790, et il n'y avait, à la fin du dix-huitième siècle, pas de colonie d'outre-mer où la traite fût plus active que dans les grandes Antilles espagnoles.

La Révolution française y amena un affluent de population. Beaucoup

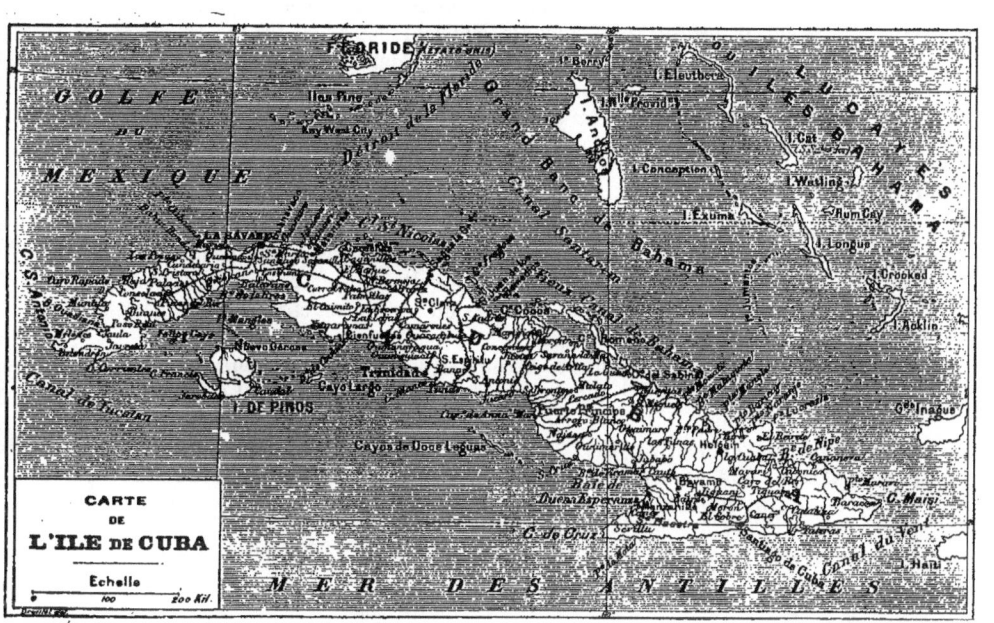

CARTE DE L'ILE DE CUBA.

de royalistes quittèrent Saint-Domingue pour émigrer à la Havane, où ils augmentèrent le nombre des planteurs, et par suite celui des esclaves, qu'ils chargèrent de la culture du café. L'affranchissement d'Hispaniola et la création de la République haïtienne donnèrent une nouvelle impulsion à l'exode vers Cuba.

Cependant l'extension des rapports de l'île avec les nations étrangères et l'importance de plus en plus accentuée de l'élément colonial y firent fermenter les idées. *La siempre fiel isla de Cuba* (la toujours fidèle île de Cuba) ne pouvait manquer de prêter l'oreille aux cris de liberté qui partaient en même temps de plusieurs points du monde. Les créoles (*Cubanos*), émancipés intellectuellement, commençaient à s'étonner qu'ils ne le fussent pas tout autant politiquement. Ils représentaient les trois quarts au moins de la population du Cuba, et ils se demandaient pourquoi ils n'auraient pas droit à la défense de leurs intérêts comme les Aragonais, les Castillans, les Catalans ou les Majorquins, pourquoi ils ne seraient pas, à l'égal de ceux-ci, admis dans la famille espagnole, au lieu de se voir soumis à un régime d'exception. Car on récompensait étrangement leur fidélité et leur dévouement en ne les considérant que comme des tributaires apportant un tribut plus riche que celui des autres. En somme ils n'étaient payés de leur attachement que par une aggravation de mesures administratives, sur lesquelles on ne les consultait point, puisqu'ils étaient systématiquement exclus des Cortès. Le mécontentement devait engendrer tôt ou tard des soulèvements.

D'autres germes de révolution grandissaient simultanément. Le contingent noir s'accroissait dans des proportions menaçantes. Le moment arriverait fatalement où les esclaves de Cuba trouveraient à leur tête un Toussaint-Louverture. En 1812, Aponte faillit réussir dans une tentative qui n'échoua que par des circonstances fortuites. Le signal était donné et le feu devait continuer à couver sous la cendre.

II

Les Etats-Unis, dès le lendemain de leur indépendance, avaient eu des visées sur Cuba. A plusieurs reprises ils nourrirent le dessein d'en devenir les maîtres, soit en s'en emparant, soit en l'achetant. Ne réussissant ni dans l'une ni dans l'autre de ces combinaisons, ils prêtaient une assistance occulte ou même ouverte aux coups de main tentés contre l'île.

La plus retentissante de ces expéditions aventureuses fut celle de Narciso Lopez. Il était né en 1748, au Venezuela, alors encore espagnol, et appartenait à une famille riche, propriétaire de grands domaines dans les Llanos, mais qui, lorsqu'il était enfant, avait tout perdu pendant les guerres civiles. Envoyé par son père à Valencia pour y apprendre un métier, il s'y trouva au moment où Bolivar, après sa défaite de la Puerta, se jeta dans la ville avec les débris de son armée. Le général espagnol y attaqua les révolutionnaires, et sa « division infernale », composée de noirs et d'hommes de couleur, mit tout au pillage, massacrant les habitants sans pitié. Lopez n'échappa que par miracle à la mort. Bolivar, vaincu, avait quitté le pays, et de tout le Venezuela les patriotes n'occupaient plus que l'île Margueritte et les steppes de l'Orénoque, où Paez se dérobait aux poursuites avec ses cavaliers légendaires. Narciso Lopez, découragé, sans ressources, croyant la cause de la liberté à jamais perdue, entra au service de l'Espagne, prit même les armes contre les Vénézuéliens, quand ceux-ci se soulevèrent de nouveau, et se conduisit si vaillamment, qu'à dix-neuf ans on lui confia le commandement d'un escadron; ses exploits contre Paez lui valurent la croix de Saint-Ferdinand et le grade de colonel. En 1823, il donna sa démission.

Entré aux Cortès comme député de Séville, ses travaux parlementaires lui firent connaître de près les plaies coloniales. Ses attaches avec Cuba le portèrent à devenir l'interprète des griefs de l'île. Son attitude inspira quelque ombrage à la cour, mais on lui devait tant que son dévouement au trône ne pouvait être suspecté. Il fut pendant longtemps commandant en chef de la garde nationale de Madrid et gouverneur de la capitale. En 1839, le général Valdez, nommé capitaine général de Cuba, l'appela au gouvernement de Trinidad. Des spéculations minières le firent entrer en contact avec les créoles cubains. Ceux-ci lui donnèrent leur confiance et le décidèrent à se faire leur champion politique. Le gouvernement espagnol, qui avait l'œil sur lui, le cita devant les tribunaux. Averti à temps, il se réfugia dans l'État de Rhode-Island et fut condamné à mort par contumace. Les Américains ne laissèrent pas échapper l'occasion de se servir de lui pour re-

BARNABÉ VARONA.

prendre leur projet de s'annexer Cuba, ou tout au moins de s'immiscer directement dans les affaires de l'île.

Le 19 mai 1850, Lopez débarque à Cardenas avec six cents hommes, s'empare sans coup férir de la place et se voit aussitôt forcé de regagner son vaisseau, les Cubaños sur lesquels il comptait lui refusant leur aide, sans doute parce qu'ils voyaient derrière lui les Yankees. Le vapeur de guerre espagnol *Pizarro* le poursuit, mais sans l'atteindre. Il se réfugie à Key-West. Traduit devant le jury de Savannah, puis devant celui de la Nouvelle-Orléans pour violation de l'acte de neutralité de 1818, il est deux fois acquitté sous la pression de l'opinion publique. Il reprend alors sa campagne d'affranchissement de Cuba, soutenu d'un côté par les démocrates du Nord, de l'autre par les planteurs du Sud, qui désiraient vivement l'entrée de l'île cubaine, comme État esclavagiste, dans l'Union.

En outre, beaucoup d'aventuriers sudistes se joignent à lui, et les rois de la Bourse le secondent de leurs capitaux. Grâce à eux se fonde à New-York la *Junta promovedra de los intereses politicos de Cuba*, qui émet pour 100 millions de dollars de titres de la future dette cubaine. Ces titres, remboursables à l'émancipation de l'île, étaient offerts sur le marché américain à des prix qui firent bientôt prime. Lopez promettait à quiconque se rangeait sous ses drapeaux l'entretien et huit dollars par mois : chacun d'eux aurait droit, après la conquête de Cuba, à 4,000 dollars ou à 200 acres de terre. L'argent et les hommes affluèrent. On acheta pour 75,000 dollars un vaisseau, le *Pampero*. D'autres bâtiments complétèrent la flotille. 5,000 hommes étaient prêts à s'embarquer.

Le complot aurait peut-être réussi s'il avait été tenu secret ; mais la presse en répandit le bruit partout. L'Espagne fit faire des représentations aux États-Unis par son ambassadeur. Le président Fillmore répondit qu'il agirait comme avait fait son prédécesseur Taylor, qui avait mis les flibustiers hors la loi. On se contenta à Madrid de cette déclaration, et le consul espagnol à la Nouvelle-Orléans, d'où devait partir l'expédition, fit savoir que ceux qu'on ferait prisonniers subiraient le sort des pirates. Ces mesures déconcertèrent un grand nombre des partisans de Lopez. Il n'en put emmener que 600, et même après le départ (3 août 1851), il dut en reconduire 100 à terre. Les deux chefs immédiatement sous ses ordres étaient l'Américain Crittenden et le Hongrois Pragai. On devait atterrir au nord de l'île ; mais ces plans furent modifiés lorsqu'on apprit à Key-West le soulèvement de quatorze villes cubaines.

Lopez cingla donc vers Orbigosa, mais une erreur de son pilote le conduisit à Matanzas, et quand il voulut reprendre la direction indiquée d'abord, il se vit barrer le chemin par la frégate de guerre espagnole *Esperanza* et dut débarquer en toute hâte à Morilla. La première rencontre eut lieu le 14 août. Lopez avait investi avec 400 hommes la petite ville de Las Posas, et Crittenden avec 100 hommes se retrancha sur une hauteur près de la côte pour couvrir, le cas échéant, la retraite du corps principal vers la mer. Le général espagnol Enna se persuadait qu'il lui serait facile de vaincre. On lui infligea, au contraire, une défaite sanglante. Ses pertes furent énormes. Les Américains, enthousiasmés par leur succès, allèrent, sans prendre de repos, faire l'attaque de San Diégo de Nunez et de Cabanas ; mais Crittenden, chargé de cette expédition, fut surpris, avant le débarquement, par le vapeur espagnol *Habanero*, et fait prisonnier avec 51 hommes. On les transporta tous à la Havane, où on les fusilla devant le Castello Atares, en présence de 20,000 spectateurs.

Pendant ce temps Lopez continuait à tenir les Espagnols en échec. Il se vit bientôt entouré. Connaissant mal le pays, il s'égara. Quelques avantages qu'il remporta ne purent le dégager. Sa troupe, décimée, exténuée, fit des prodiges de valeur, mais les hommes succombaient l'un après l'autre. Ils n'étaient plus que 220 lorsque le lieutenant-colonel Sanchez les surprit et les mit en déroute. Ce fut alors une débandade lamentable. Lopez et deux de ses compagnons errèrent encore quelques jours dans la campagne, vivant d'herbes et de racines. Traqué comme une bête fauve, il finit par tomber aux mains des paysans le 29 août. On le conduisit à marches forcées à la capitale où il arriva le 31. Le lendemain, à sept heures du matin, il subit le supplice du garrot. Les autres prisonniers, envoyés en Espagne, y furent condamnés à dix ans de *presidios* (1). Quant au Hongrois Joseph Pragai, ancien adjudant de Klapka, il avait péri avec tous ses compatriotes, les armes à la main (2).

III

La mort de Lopez ne fut pas vengée. L'exécution de Crittenden et des cinquante et un Américains ne souleva que quelques cris d'horreur; mais le peuple se souvint de ces héros. Il était désormais hors de doute que la Révolution pouvait se mesurer avec les garnisons espagnoles. Les 500 hommes de Lopez n'avaient-ils point eu le dessus pendant plusieurs jours, et leur défaite ne devait-elle pas surtout être attribuée à leur ignorance du pays, au peu de concours efficace qu'ils y avaient obtenu?

Dix-sept ans s'écoulèrent sans effacer des esprits ces événements. La métropole, se croyant à l'abri de toute autre révolte, reprit son système d'administration coloniale. Les Cubains, exclus de tous les emplois, accablés d'impôts et d'injustices, à la merci des fonctionnaires, réclamèrent en vain des réformes, s'adressèrent en vain à Isabelle II. La chute de la reine à Madrid et l'avènement de Prim parurent des occasions favorables pour soulever le pays. Carlos Manuel Cespédès se mit à la tête du mouvement en 1868. Une insurrection éclata à Bayamo, et la République cubaine fut proclamée le 10 avril 1869. Elle dura neuf ans, sans triomphe réel, car les insurgés eurent à lutter sans trêve pendant toute cette période. Ils comptaient dans leurs rangs plus de 50,000 hommes bien armés. Cespédès, le président élu de la République, et son beau-frère Manuel de Quesada, ancien officier de l'armée mexicaine de Juarez et général en chef de l'armée cubaine républicaine, étaient doués de grandes qualités, possédant une instruction profonde et occupant un rang élevé dans la société. Ils espéraient que le général Prim, dictateur à Madrid, consentirait à l'abandon de l'île, moyennant une indemnité, et chargèrent les Etats-Unis de cette négociation. Le président Grant était favorable à cette proposition, qui concordait avec la pensée intime de la nation américaine. Seulement il ne pouvait agir ouvertement, l'Espagne n'ayant, à ce moment, pas de gouvernement reconnu. La *Junta cubana* de New-York n'attendit pas l'issue de la crise espagnole. Elle envoya, au commencement d'octobre 1873, le *Virginius* à destination de Cuba avec un chargement d'armes, de munitions, d'approvisionnements. Le navire était commandé par le capitaine américain Fry. Plusieurs chefs de l'insurrection le montaient: Barnabé Varona, Jesus del Sol, l'Américain Ryan, Pedro Cespédès, frère du président. Le général Burriel, gouverneur de Santiago, averti de cette expédition, envoya la canonnière le *Tornado* à la recherche du steamer américain. Les Espagnols furent vainqueurs, l'équipage et les passagers du *Virginius* faits prisonniers. Varona, Ryan, Jesus del Sol, Pedro Cespédès, le capitaine Fry, soixante et un hommes, des Anglais, des Américains, des jeunes gens de seize ans, furent exécutés impitoyablement. Le massacre fut fêté à Santiago par des bals, des banquets, des sérénades, des réjouissances. Les Espagnols avaient décapité plusieurs des chefs de l'insurrection après

(1) Bagne.
(2) Voir V. Schoelcher, *L'insurrection de Cuba et les Etats-Unis* (Paris, 1851).

les avoir fusillés; ils promenèrent au bout de piques les têtes sanglantes.

Les Etats-Unis réclamèrent une réparation. Castelar, président de la république espagnole, dut se soumettre à toutes leurs exigences pour éviter une guerre entre l'Espagne et l'Amérique.

IV

Toutefois cette guerre était inévitable. Elle fut ajournée, il est vrai, pendant vingt-quatre ans, mais d'autres faits ne firent qu'en rendre l'explosion de plus en plus fatale (1). La fin tragique de Carlos Manuel Cespédès, qui, trahi par un nègre, se jeta dans un précipice pour échapper aux Espagnols (mars 1874), les moyens de rigueur mis en œuvre à toutes les époques et exercés surtout après l'avènement d'Alphonse XII, puis continués sous la régence actuelle, pour obéir à la politique néfaste de Canovas del Castillo, les cruautés martiales du général Weyler, les échecs infligés aux forces espagnoles, tout devait amener une collision décisive (2).

Sous Alphonse XII, le président Grant avait invité, au nom des Etats-Unis, le gouvernement du jeune roi à mettre un terme à la guerre cubaine qui se prolongeait indéfiniment, en lésant tous les intérêts et en violant toutes les lois de l'humanité. L'Espagne resta sourde à cette voix. La situation ne fit que se tendre davantage. On aurait pu croire que l'avènement de M. Mac Kinley à la présidence des Etats-Unis et celui de M. Sagasta, chef de l'opinion libérale en Espagne, à la présidence du conseil des ministres, allaient assurer au conflit une issue où le droit et la prudence l'emporteraient. La raison d'Etat ne l'a voulu ni à Madrid, ni à Washington. Le dix-neuvième siècle, au lieu de s'achever, comme on le croyait, dans le rayonnement de la paix, cesse, de même que le dix-huitième (3), au milieu des tempêtes de batailles, des défaites navales, préludes peut-être des invasions, occupations et annexions.

Charles SIMOND.

(1) On peut se faire difficilement en France une idée exacte des cruautés, des vexations pratiquées par les Espagnols à Cuba, à l'égard des Cubains. La question, le fouet, la fusillade, la confiscation, le massacre, l'incendie, ont mis entre persécuteurs et persécutés une séparation éternelle. (PINON, *L'île de Cuba*.)

(2) Parmi les travaux inspirés par la guerre hispano-américaine qui sévit aujourd'hui, il y en a de deux catégories : les uns soutenant la cause de l'Espagne et son droit de suprématie à Cuba, les autres favorables à la politique d'intervention inaugurée par les Etats-Unis. Un opuscule tout récent du professeur PIERANTONI (*Cuba e il conflitto ispano-americano*. Rome, mai 1898) discute avec beaucoup de documents à l'appui les deux thèses, en faisant l'historique complet des événements depuis les origines lointaines jusqu'à nos jours. (C. S.)

(3) Comme si l'histoire n'était en définitive que le cercle de Vico, reproduisant sans cesse les mêmes événements dans le cours éternel des choses, 1798 fut signalé par une série de faits dont nous voyons, aujourd'hui, après cent ans d'évolution de l'humanité, le retour qu'on pourrait croire préétabli : proclamation de la République (helvétique), annexion (de Genève à la France), occupation (de Malte), expédition (des Français en Egypte), batailles (des Pyramides et du Nil), défaite navale (d'Aboukir). (C. S.)

UNE PROMENADE EN VOLANTE.

CUBA ET PUERTO-RICO

I

Jusqu'au moment de la Révolution, l'Espagne pouvait s'enorgueillir d'être la première puissance coloniale. Ses possessions étaient si vastes que, suivant l'expression d'un de ses rois, le soleil ne s'y couchait jamais. Au commencement de notre siècle, les populations des vice-royautés de l'Amérique se sont émancipées et ont formé différentes républiques, plus ou moins livrées à la guerre civile, à part le Mexique et le Chili. Mais si l'Espagne a perdu le Nouveau Monde, elle a conservé de riches débris de son ancien empire d'outre-mer. Elle garde jusqu'ici en Amérique deux des grandes Antilles, Cuba et Puerto-Rico, et en Océanie, les Philippines. Ces dernières îles sont encore vierges et offrent un vaste débouché à l'activité humaine; par contre les Antilles espagnoles nous donnaient naguère, avant l'insurrection, le spectacle d'une prospérité incroyable.

Cuba est la colonie espagnole de beaucoup la plus importante. Son sol fertile, sa situation, l'étendue de ses relations commerciales avec toutes les nations de l'Europe et de l'Amérique l'ont rendue très florissante. C'est avec raison que les nombreux admirateurs de cette terre fortunée l'appellent *la reine des Antilles*. Aussi ne faut-il pas s'étonner si la cour de Madrid attache tant de prix à cette île, qui, pour elle, constitue un véritable grenier d'abondance, et si les Etats-Unis, fidèles à la doctrine de Monroë, ont jeté souvent un regard de convoitise sur la *grande Antille*, qu'ils espèrent faire bientôt entrer dans l'Union américaine.

Nous connaissons tous l'histoire des Antilles, de cet admirable collier de perles. Nous savons que toutes les puissances maritimes de l'Europe, l'Espagne, la France, l'Angleterre, la Hollande, le Danemark, la Suède, la Prusse même, ont paru dans cet archipel et y ont fondé des établissements. Suivre la marche de ces différents Etats dans cette partie de l'Amérique, c'est donc étudier la colonisation européenne, variant pour ainsi dire dans chaque île, en présentant des alternatives de succès et de revers.

Cuba est la plus grande des Antilles. Sa longueur de l'est à l'ouest est de 1,300 kilomètres; sa largeur varie entre 40 et 160; et sa superficie, en y comprenant quelques petites îles qui en dépendent, est de 119,000 kilomètres carrés, c'est-à-dire un peu plus du cinquième de la France. Sa situation est merveilleuse : à 200 kilomètres du Mexique, à 230 de la Floride, à 160 des îles Bahama, à 90 d'Haïti, à 150 de la Jamaïque. Elle est une des premières terres que l'on trouve en venant d'Europe. En un mot, placée de manière à communiquer facilement aussi bien avec l'ancien monde qu'avec le nouveau, grâce à sa position, elle est, sans aucun doute, faite pour devenir une grande place de commerce et un entrepôt de premier ordre.

La plus grande partie de l'île, légèrement ondulée, ne s'élève pas en moyenne à plus de cent mètres de hauteur. Néanmoins, les régions de l'est et du midi sont fort montueuses. La côte méridionale est parcourue dans tout son développement par une chaîne connue sous le nom de *Sierra del Cobre* (1), dont plusieurs pics ont 1,500 et 2,000 mètres d'altitude. Au pied de ces montagnes s'étendent de vastes prairies, de belles plaines, de grandes savanes et aussi des marécages, causes de fièvres redoutées avec raison par les Européens. L'île est arrosée par un grand nombre de rivières, la plupart peu importantes. Une seule est navigable, mais exclusivement pour les bâtiments d'un faible tonnage, et sur un tiers de sa longueur. C'est le *Canto*, qui se jette dans la baie de Buena Esperanza, après un cours de 200 kilomètres. Les côtes sont généralement précédées de rochers et de bas-fonds, qui se prolongent jusqu'à 3 à 4 kilomètres dans la mer. Les rivages, assez découpés, présentent un grand nombre de ports et de baies dont le mouillage ne laisse rien à désirer.

(1) *Cobre* est célèbre par ses mines de cuivre, auxquelles elle doit son nom, et aussi par sa chapelle de la Vierge, où l'on vient chaque année faire de pieux pèlerinages. (C. S.)

Malheureusement les barrages que nous venons de signaler en rendent l'accès dangereux. En outre, ils offrent un inconvénient des plus graves ; par suite des inondations constantes, le sol est presque toujours détrempé sur une largeur de plusieurs kilomètres. Aussi les rivages sont-ils fiévreux, et l'étranger qui débarque à Cuba pour la première fois fait bien de prendre sans tarder la route de l'intérieur.

Il n'en faudrait pas néanmoins conclure que l'île soit malsaine. A Cuba, nous trouvons le climat des Antilles, et si dans les parties basses la température est élevée, elle se maintient en moyenne entre 20° et 30°. A la Havane, la moyenne est de 25°. La saison tempérée comprend les mois de mars, avril et mai ; la saison froide va de novembre en février ; et enfin l'hivernage, c'est-à-dire la saison à la fois la plus chaude et pluvieuse, dure pendant les mois de juin, juillet, août. C'est l'époque de l'année la plus pénible pour les Européens. Les ouragans sont fréquents, et parfois leur passage est la cause de nombreuses ruines.

Au point de vue de la fertilité, Cuba est assurément sans égale. Le sol produit, pour ainsi dire, de lui-même le sucre, le tabac, le café, le cacao, le coton, l'indigo, le riz, le maïs, etc. On y trouve tous les fruits et tous les légumes des tropiques (1). Les forêts recouvrent une grande partie du pays, mais jusqu'à présent on n'en a tiré qu'un médiocre profit. Cependant les plus riches essences y abondent, telles que l'acajou, l'ébène, le cèdre, et d'autres bois d'une grande valeur. On y élève un grand nombre de bestiaux et de porcs, ainsi qu'une quantité considérable d'abeilles. Les montagnes recèlent des mines d'or, de cuivre, de fer, dont l'exploitation est encore fort peu active. Il y a aussi des carrières de marbre, d'ardoises, des sources minérales, des marais salants, et, depuis quelques années, l'on y a découvert des gisements carbonifères (2).

(1) « Les arbres fruitiers fourmillent. A tour de rôle, quelques-uns d'entre eux offrent, durant chaque saison, le tribut de leurs productions délicieuses. L'orange, l'abricot d'Amérique, la sapote (*achras mammosa*), la sapotille (*achras sapotilla*), le coronol, la pomme de rose (*eugenia jambos*), la mangue (*volkameria aculeata*), la poire d'avocat (*laurus Persea*), le tamarin, etc., mûrissent sur de grands arbres. Les arbrisseaux se parent de goyaves (*psidium pyriferum*), de cachiments, de grenades ; les plantes grimpantes, de pastèques, de grenadilles. Le fruit le plus savoureux c'est l'ananas. En fouillant la terre, on trouve la pistache, qui a aussi sa valeur. A voir cette abondance, cette vigueur de la végétation, ce charmant assemblage de fleurs et de fruits, on demeure surpris de la prodigalité de la généreuse nature envers une île où elle se complaît en coquette accomplie. » (Piron.)

(2) Le littoral de l'île de Cuba est immense, puisque, selon M. de Humboldt, il égale, à peu de chose près, celui de l'Angleterre. En maint endroit, ces riants rivages sont peuplés, à distance des terres, d'éponges communes dont la pêche constitue une fructueuse industrie. Les préparatifs pour l'extraction de cette utile substance ne sont ni bien coûteux ni bien difficiles. Un ou deux canots de solide construction, des gaules fort longues coupées dans la forêt et armées de crocs en fer, une drague offrant assez de résistance pour entraîner les coraux et les éponges dont le fond de l'Océan est parsemé, voilà les principaux objets dont les pêcheurs doivent se munir. Vient ensuite l'habitation, qu'il faut édifier sur un rivage souvent complètement désert et parfois aussi sur un échafaud

Ainsi qu'on peut le voir, la nature a richement doté Cuba. Néanmoins, cette terre fortunée, dont l'Espagne avait pris possession en découvrant le Nouveau Monde, est demeurée longtemps oubliée, et ce n'est guère qu'au commencement de ce siècle qu'elle est devenue réellement une colonie dans toute l'acception du mot.

Après avoir reconnu, le 12 octobre 1492, la petite île de Guanahani, l'une des Lucayes, Christophe Colomb avait continué sa route et découvert, le 28 du même mois, la grande île de Cuba, qu'il nomma *Juana*, en l'honneur de la fille des *Rois Catholiques*. Il consacra plusieurs semaines à explorer les rivages de cette terre, puis il se dirigea du côté d'Haïti. Ce fut seulement en 1511, que les Espagnols occupèrent Cuba. Le fils de Christophe Colomb, don Diégo, envoya une expédition de 300 hommes y fonder un établissement.

CARLOS-MANUEL CESPÉDÈS.

Cuba ne pouvait être considérée comme une terre déserte. Ses habitants ressemblaient au physique et au moral à ceux d'Haïti. Leur peau était de couleur cuivrée, leurs cheveux d'un noir de jais et plats, et leur barbe peu fournie. Ils ne portaient aucun vêtement, et les femmes se couvraient, de la ceinture aux genoux, avec un tissu grossier de coton ou de feuilles de bananier. Leurs habitations consistaient en des cases en bois entourées de jardins, où ils cultivaient le maïs, l'igname, le manioc, des racines, des pois et d'autres légumes. Leurs aliments se composaient, en outre, de fruits, de poissons, d'agoutis et d'oiseaux, qu'ils apprivoisaient ou élevaient autour de leurs demeures. Leur vie se passait dans l'indolence, et leurs occupations consistaient à aller à la chasse et à la pêche. Leurs

bâti sur pilotis. Les vastes cabanes des anciens habitants de Cuba, que l'on désignait sous le nom de *bohio*, semblent avoir servi de modèles pour le simple abri que se préparent les pêcheurs *cubanos*. Trois pieux assemblés et formant un cône, quelques rameaux verdoyants entrelacés, un toit pyramidal garni de feuillage composent la maisonnette où se réfugient les pêcheurs. (C. S.)

besoins se réduisaient à peu de chose. Leurs meubles étaient grossièrement travaillés; des troncs d'arbres leur servaient de

VUE DE LA HAVANE.

chaises et de tables; leurs lits étaient des hamacs en coton, et leurs ustensiles des calebasses ou cocos. Pour creuser leurs barques, ils se servaient de pierres coupantes, et leurs armes étaient des lances d'un bois dur, des flèches terminées par une arête de poisson. Un de leurs usages frappa tout d'abord d'étonnement les Espagnols; ils s'éclairaient la nuit avec des *cucuyos*, gros scarabées phosphorescents qu'ils plaçaient dans une calebasse percée de trous. Aujourd'hui, l'on a conservé encore cet éclairage naturel (1).

Les indigènes de Cuba se faisaient remarquer par une douceur extrême. Ils avaient une organisation politique des plus rudimentaires. Ils étaient divisés en vingt-neuf petits États gouvernés par des chefs qui portaient le nom de caciques et dont l'autorité était absolue. Ils croyaient à l'existence d'un seul Dieu, à l'immortalité de l'âme, aux récompenses et aux châtiments après la mort. Eu égard à la grandeur de l'île, ils étaient peu nombreux, et les auteurs qui ont estimé au plus haut leur population nous disent qu'il y avait tout au plus 300,000 habitants. Ce chiffre nous semble exagéré, et en adoptant celui de cent cinquante mille nous croyons être plus près de la vérité.

Les Espagnols se partagèrent les terres ainsi que les Indiens, qui n'opposèrent qu'une résistance insignifiante. L'île prit le nom de Santiago, en l'honneur de saint Jacques, patron de l'Espagne, pour recouvrer plus tard celui de Cuba, que lui donnaient les indigènes et que depuis elle a gardé.

La colonisation marcha fort lentement; au bout de quelques années, la population indigène, décimée par les mauvais traitements auxquels elle était en butte et les maladies que lui avaient apportées les Européens, avait en quelque sorte disparu. A Cuba comme dans les autres colonies espagnoles, cette extermination des naturels fut uniquement l'œuvre des aventuriers venus de l'Espagne. C'est en vain que les gouverneurs envoyés par la cour de Madrid et le clergé catholique s'efforçaient de lutter contre les cruautés commises. En 1535, l'on ne comptait plus dans toute l'île que cinq ou six mille Indiens. Dès cette époque, l'on avait commencé à y introduire des nègres. Quelques villes avaient été fondées, et entre autres celle de la Havane, en 1519; néanmoins Cuba restait sans importance. Les Espagnols portaient toute leur activité du côté du Mexique et du Pérou, et c'est tout au plus s'ils considéraient les Antilles comme des points de relâche.

En 1700, la colonie ne comptait que douze villes ou bourgs, et c'est seulement à partir de cette date que les deux principaux centres, la Havane et Santiago, furent efficacement mis en état de résister aux attaques des flibustiers, qui à cette époque infestaient la plupart des possessions européennes. En 1788, à la veille de la

---

(1) Les *cucuyos* sont de la famille des élatérides. Ces étranges insectes tirent la vive lumière qu'ils projettent de trois cavicules phosphorescentes, dont deux sont placées sur la tête et leur servent d'yeux, et une au ventre, qui s'entr'ouvre à certains de leurs mouvements. (C. S.)

Révolution, la situation était loin d'être prospère. L'île était déserte en grande partie, et la population ne s'élevait qu'à 120,000 habitants. La culture était fort réduite, la production du sucre insignifiante, le commerce à peu près nul; à l'intérieur, les routes et les chemins n'existaient pas, et, chaque année, la cour de Madrid se voyait obligée d'envoyer à Cuba de 1,600,000 à 1,800,000 piastres pour subvenir aux dépenses locales. Pour les Espagnols habitués aux richesses du Mexique et du Pérou, c'était une possession dispendieuse, et il ne serait jamais venu à l'idée d'un Castillan d'aborder à cette terre pour y faire sa fortune.

En 1791, arrive le cataclysme de Saint-Domingue. La riche colonie française, *la reine des Antilles*, sombre dans l'ouragan révolutionnaire. Plusieurs milliers de planteurs français, échappés au massacre, se réfugient à Cuba et amènent avec eux les débris de leur opulence, quelques esclaves, et en même temps leur savoir, leur expérience et leur activité. Grâce à eux, la culture de la canne à sucre se développe, celle du café et du coton est introduite en grand. Cuba met le pied sur le char de la fortune, et, à partir de ce moment, un nouvel horizon s'ouvre pour cette terre en quelque sorte délaissée. Sa richesse augmente chaque jour, la colonisation marche à pas de géant, et le développement tient en quelque sorte du merveilleux.

Il serait intéressant de faire l'historique de Cuba depuis les origines de son développement jusqu'à nos jours. Mais ceci nous entraînerait trop loin, et quelques chiffres vaudront bien mieux que du rétrospectif. Cuba compte actuellement une population qui dépasse 1,700,000 habitants. Son commerce s'élève encore, tant pour les importations que pour les exportations, à près de huit cents millions. Le réseau des chemins de fer représente un développement de plus de 1,500 kilomètres. L'on trouve de belles routes, de grandes villes, et la plus importante, la Havane, est une cité de 300,000 habitants dont la richesse et l'opulence sont proverbiales dans le monde entier, en Europe aussi bien qu'en Amérique.

**

Ainsi que dans toutes les Antilles, l'on trouve, à Cuba, des blancs, des mulâtres et des nègres. La population blanche est de beaucoup la plus nombreuse; elle représente un million d'individus, qui, à part quelques milliers venus presque tous de la Péninsule pour y exercer des fonctions publiques, sont nés dans la colonie et forment ce qu'on appelle les créoles (1). Ils descendent des Fran-

---

(1) Les Espagnols nés à Cuba et ceux qui viennent d'Espagne ne se regardent pas comme formant le même peuple, ne se considèrent pas comme compatriotes. La haine entre eux, vivace depuis des siècles, est maintenant exaltée jusqu'au délire par l'insurrection. Le gouvernement espagnol n'a fait que

çais de Saint-Domingue, de Galiciens, de Basques, de Catalans, de Canariotes. Les meilleurs colons de Cuba sont, sans contredit, ceux d'origine galicienne et canariote. Au temps où l'émigration européenne se portait vers cette île, l'on voyait les Galiciens et les Canariotes arriver par centaines, amenant avec eux leurs femmes et leurs enfants, n'ayant que de modiques ressources, mais doués d'une grande énergie et possédant à un haut degré le goût du

LA BUENA VISTA, PLANTATION DANS L'ILE DE CUBA.

travail. En débarquant, ces immigrants, habitués les uns à la vie dure et pénible que l'on mène dans les montagnes de la Galicie, et les autres acclimatés d'avance avec les Antilles, qui ont comme température quelque analogie avec les Canaries, s'adonnaient à la culture. C'est ainsi que s'est peu à peu formée une population

l'accroître, en considérant l'île simplement comme un bien de bon rapport, en accablant les Cubanos d'impôts sous tous les prétextes, même sous celui d'améliorations qui ne furent jamais exécutées. En excluant les députés cubains des Cortès, en 1837, la métropole a comblé la mesure. L'indignation s'est accrue chez les Cubanos au point que la réconciliation est devenue impossible. (C. S.)

rappelant les *petits blancs* de nos anciennes colonies. A Cuba, ils sont désignés sous le nom de *guarijos* ou de *blancos de la*

VUE GÉNÉRALE DE SANTIAGO-DE-CUBA.

tierra. Aujourd'hui, ils constituent un groupe important. Ils habitent principalement les bourgs de l'intérieur et cultivent de petites fermes dont ils sont la plupart du temps propriétaires. Ce sont des paysans dans toute l'acception du mot, et ils n'ont pas peu contribué à développer la richesse de Cuba. Les Basques et les Catalans s'adonnent principalement à la banque, au commerce, et notons que tout le commerce de détail, dans les villes, principalement l'épicerie, est aux mains de ces derniers. Naguère il était d'usage de se servir du mot de Catalan pour désigner un épicier. Depuis quelques années, les étrangers commencent à devenir nombreux, et nous trouvons là, comme partout ailleurs, les Américains, les Anglais et, de date plus récente, les Allemands, tous s'agitant, spéculant et montrant une activité, un désir de gain et de lucre incroyables. Quant aux Français, ils n'existent, comme commerçants, qu'à l'état d'exception (1), et ceux qui sont fixés dans le pays exercent des professions fort dédaignées des autres Européens, telles que celles de coiffeurs ou de modistes.

Le préjugé de couleur règne à Cuba, comme dans toute l'Amérique, quoiqu'il y soit moindre que dans les États-Unis (2). Aussi, les blancs se considèrent-ils comme supérieurs aux mulâtres et aux nègres, et cependant la population blanche n'est pas pure de tout mélange, tant s'en faut, avec l'élément africain. Nombre de personnes dont les traits dénotent une alliance de leurs ancêtres avec la race africaine figurent parmi les blancs, et ces faux blancs sont peut-être plus entichés de l'orgueil de caste que les autres. Il est néanmoins facile de reconnaître, de constater leur origine, mais ils ont eu le talent, l'habileté de se faire passer pour blancs, d'être acceptés comme tels, et, grâce à l'usage qui a ratifié leur usurpation, ils appartiennent à la classe dominante.

Les mulâtres, connus généralement sous le nom de gens de couleur (3), constituent un groupe de 200,000 individus, et les nègres de 500.000. A l'heure actuelle, l'esclavage a cessé de souiller Cuba et la servitude a disparu. Néanmoins le mulâtre et le nègre sont placés dans un état d'infériorité vis-à-vis du blanc, dont d'ailleurs ils acceptent et reconnaissent la supériorité. Les mulâtres vivent généralement dans les villes, où ils sont ouvriers, parfois petits marchands, et ceux que l'on rencontre dans les campagnes sont employés en qualité de contremaîtres sur les habitations. Quant

(1) « La nation française, à part d'honorables exceptions, est tristement représentée à Cuba; aussi on s'y est formé d'elle une opinion aussi fausse que défavorable. » (PIRON).

(2) « Aux Etats-Unis, il n'y a que trois castes : les blancs, les mulâtres et les nègres. A Cuba, il y a les blancs, il y a ceux qui peuvent passer pour tels, il y a les quarterons, il y a les mulâtres; il y a les *griffes* (issus d'un mulâtre et d'une négresse ou d'un nègre et d'une mulâtresse). Le préjugé espagnol est si puissant qu'il pousse les malheureux qui en sont les victimes à rougir d'eux-mêmes d'abord, puis à se mépriser les uns les autres. » (H. PIRON, *L'île de Cuba*. Librairie Plon.)

(3) « Le gouvernement déteste les *mulatos* et ne les protège même pas. Tous les privilèges sont pour les blancs. J'ai vu des passeports accordés à des jeunes gens de couleur, et ils portaient tous ces mots significatifs : *Con prohibicion de volver jamas en la isla por ser de color*, avec défense de revenir *jamais* dans l'île parce qu'il est de couleur. » (PIRON.)

aux nègres purs, ils travaillent pour la plupart dans les plantations. Ceux qui restent dans les villes sont manœuvres ou portefaix. Au surplus, il devient de plus en plus difficile de distinguer les gens de couleur d'avec les nègres purs. Depuis quelques années, des alliances ont lieu à chaque instant entre les deux races : si bien que, dans un siècle d'ici, l'on ne trouvera plus à Cuba que des blancs, vrais ou faux, ou des gens de couleur, et que le véritable nègre, l'Africain dans toute l'acception du mot, deviendra en quelque sorte un phénomène.

Il existe encore dans l'île une autre race dont il est indispensable que nous disions quelques mots. Il y a une vingtaine d'années, au moment de l'abolition de l'esclavage, l'on craignait de manquer de travailleurs, et l'on résolut d'avoir recours à l'émigration chinoise. De nombreux Chinois furent introduits à Cuba, et à un moment donné, l'on en comptait jusqu'à 200,000. Aujourd'hui, ce nombre a considérablement diminué; beaucoup de sujets du Céleste-Empire ont été rapatriés, et ceux qui sont restés représentent à peine une population de 60 à 80,000 âmes. L'on a renoncé à demander des bras à la Chine, du moment que l'on a reconnu que les craintes conçues tout d'abord au moment de l'émancipation des noirs étaient mal fondées. Une partie du sol est cultivée par les *guarijos*, et la plupart des anciens esclaves sont restés sur les plantations, où ils reçoivent un salaire suffisamment rémunérateur. Les Chinois étaient principalement employés dans les sucreries. A l'heure actuelle, la crise sucrière qui sévit à Cuba comme dans les autres colonies européennes a pour résultat de diminuer l'effectif du personnel qui était employé à la culture de la canne. Cuba peut se passer des Chinois et possède ainsi un sérieux avantage. N'oublions pas que le Chinois ne vient jamais se fixer chez les Européens sans esprit de retour, et qu'il n'attend que le moment où il aura amassé un pécule pour rentrer en Chine. De plus, il reste toujours étranger au pays où il réside, et il ne cherche qu'à exploiter les habitants : aussi l'immigration chinoise présente-t-elle de sérieux dangers.

**

Au début de la colonisation, les colons cubains ne s'occupaient guère que d'élever des bestiaux. L'élève du bétail est toujours très importante, par suite de l'étendue des pâturages, et cependant nous avons le regret de dire que cette industrie n'est pas ce qu'elle devrait être : l'incurie, la négligence des éleveurs dépassent tout ce qu'on peut imaginer; ils ne se donnent aucune peine pour améliorer les races ou même les conserver. L'on connaît à Cuba deux espèces de pâturages, le *hato* et le *potrero*. Le *hato* est un pâturage souvent fort étendu, et la plupart du temps situé dans une vallée. Ses limites sont vagues, souvent fort incertaines, et là le bétail est livré à lui-même. Aucune attention n'y est donnée, aucun soin n'y est apporté, toutes sortes de bestiaux, bœufs, vaches, chevaux et porcs, vivent pêle-mêle. Le propriétaire du *hato*, qui s'adonne toujours à la culture, n'attache qu'une médiocre importance à ses troupeaux : ceux-ci, pour lui, ne constituent qu'un accessoire.

Le *potrero*, au contraire du *hato*, est un enclos enfermé par des murs de pierre ou des haies; il nourrit relativement plus de bestiaux, ses terres sont plus abondantes en herbe ou en plantes

RÉCOLTE DE LA CANNE A SUCRE.

profitables aux animaux. Le propriétaire du *potrero* ne cultive pas; il s'occupe exclusivement de son bétail, et c'est, à vrai dire, le véritable éleveur. Le nombre de bestiaux est considérable à Cuba, et nous ne croyons pas nous écarter beaucoup de la vérité en disant que l'espèce bovine y est représentée par 1,500,000 têtes. On compte près de 400,000 chevaux, 1,200,000 porcs et 150,000 moutons et chèvres.

Ces chiffres sont éloquents, et tout d'abord il semblerait qu'il existe là pour Cuba une industrie des plus productives. Cependant il n'en est rien. Les animaux sont mal soignés. Les bœufs, remarquables par leur maigreur, manquent de taille, et la viande qu'ils fournissent est de fort mauvaise qualité. Quant aux chevaux, ils sont petits, et, pour les formes, ils n'ont pas hérité de leur origine andalouse. La laine des moutons est inférieure, et les peaux des

VUE DE PUERTO-PRINCIPE.

chèvres ne servent guère qu'à fabriquer des outres employées par les habitants pour conserver les boissons. Les éleveurs ne songent nullement à améliorer la situation. Pendant l'été, leurs animaux souffrent horriblement de la soif, et souvent ils en perdent une grande quantité. Cependant, grâce aux rivières et aux ruisseaux qui sillonnent l'île dans tous les sens, il serait facile d'établir les irrigations au moyen de travaux fort simples; or, personne n'en prend l'initiative. Les épizooties causent également de grands ravages; avec des précautions on pourrait les combattre, ou tout au moins en atténuer les effets, mais ce serait trop demander aux éleveurs. Aussi qu'arrive-t-il? Cuba n'exporte pas son bétail, et cette île qui pourrait en quelque sorte s'emparer des approvisionnements de la marine se prive ainsi d'une ressource considérable. Son bétail n'est pas recherché et sert uniquement à la consommation locale. Pour le moment, il n'y a donc pas à compter sur l'élevage pour rendre à l'île son ancienne prospérité.

*
* *

C'est la culture qui constitue la richesse de Cuba. La nature y produit à peu près tout.

Le blé est cultivé dans certains cantons et vient à merveille. Néanmoins, on ne le sème qu'en petite quantité, et les habitants préfèrent tirer leurs farines du dehors. Le riz se récolte en abondance, mais pas assez cependant pour satisfaire aux besoins de la consommation locale, qui est considérable. Le maïs donne deux récoltes par an et sert principalement à nourrir les nègres et les animaux. La culture de la banane, des pois, des haricots est fort répandue, ainsi que celle du manioc, dont on fait une espèce de pain connue sous le nom de *cassave*. Aux environs des villes se trouvent des jardins, des petites fermes exploitées soit par des *guarijos*, soit par des nègres qui viennent régulièrement approvisionner les marchés de fruits et de légumes.

Tout naturellement les produits coloniaux sont ceux qui réussissent le mieux à Cuba, dont le climat est celui des tropiques. Cependant tous ne sont pas l'objet de l'activité des colons. Le coton, quoique pouvant réussir admirablement, est négligé; sa récolte est insignifiante; il en est de même du cacao, dont l'exportation n'est représentée que par quelques centaines de kilogrammes. Quant à l'indigo, les essais que l'on a faits jusqu'ici ont fort peu réussi, et, en fait, cette culture n'existe pas. L'indigotier croît à l'état sauvage, et ses produits sont de qualité inférieure et d'une vente difficile. La vanille est délaissée, et celle que l'on récolterait ne pourrait pas soutenir la concurrence étrangère. L'on a songé à la cochenille, mais jusqu'à présent rien de sérieux n'a été fait. En somme Cuba ne possède que trois produits coloniaux : le sucre, le tabac et le café.

La canne à sucre y fut importée de bonne heure. On en connaît plusieurs espèces : la plus ancienne, la canne *créole*, est mince, jaune et très sucrée; la canne blanche et la canne violette, toutes deux originaires de Tahiti et remarquables par leur grosseur et la bonté de leur jus, sont assez répandues. A la fin du dix-huitième siècle, l'on a introduit une canne à lignes violettes et rouges, désignée sous le nom de *canne de Ceuta* et dont les résultats sont satisfaisants. La canne se plante dans la saison des pluies, de juillet en octobre, et la végétation est si vigoureuse qu'elle se reproduit sans engrais, uniquement par ses rejetons. La récolte se fait de février en mai. Généralement les sucrières ont une étendue de terrain supérieure au nombre de bras qu'elles peuvent employer; aussi la plus grande partie sert de pâturage ou reste en friche. La fertilité est telle que, lorsque la canne a été plantée dans un terrain vierge, elle dure plus de vingt ans sans être replantée. Décrire une plantation, ce serait tomber en quelque sorte dans des lieux communs. Nous nous bornerons seulement à dire qu'à Cuba, comme dans les autres Antilles, on cultive le maïs et les haricots entre les rangées de cannes et que le rapport annuel d'un hectare est en moyenne de 3,000 kilogrammes de sucre, chiffre bien inférieur à ce que nous obtenions jadis à la Martinique et à la Guadeloupe, où des terrains fumés avec des engrais de France ont rapporté 9 ou 10,000 kilogrammes par hectare. Au sucre, produit principal de la canne, il faut ajouter la mélasse et le tafia, et, dans ces conditions, il ne faut pas s'étonner si les colonies tiennent tant à la culture de la canne, qui, sans contredit, est celle qui rapporte le plus.

A Cuba, cette culture s'est prodigieusement développée, et les colons n'ont rien négligé dans ce but. Jadis les sucreries étaient mues soit par l'eau, soit par des bœufs ou des mules. La vapeur a succédé à ce système rudimentaire, et sur les grandes plantations le matériel est monté dans de colossales proportions. Les machines sont dirigées par des ouvriers anglais et américains, et elles ont presque toutes plusieurs jeux de chaudières en mouvement. La construction des fourneaux a été en quelque sorte transformée. Les ateliers de purgerie ont subi de nombreuses améliorations pour le raffinement, et il en est résulté que le sucre a l'immense avantage d'être exporté en majeure partie blanc, ce qui n'existe pas dans plusieurs autres colonies. Quelques chiffres suffiront pour compléter les renseignements que nous donnons. En 1830, Cuba exportait à peine 100,000,000 de kilogrammes de sucre; en 1870, cette exportation était de 900,000,000 de kilos, et à ce chiffre il faut ajouter ceux que pouvaient représenter le rhum et le tafia; en 1892, malgré l'insurrection de dix ans, la production du sucre s'était élevée à 830,000,000 de kilogrammes. La colonie jouissait d'une prospérité inouïe, quand la guerre est venue se déchaîner sur elle, entraînant à sa suite tous les fléaux : paralysie de l'industrie, misère, ruine et mort.

Après le sucre, le produit le plus important est le tabac, et peut-être dans quelques années sera-t-il de beaucoup le seul existant. Le tabac est une plante indigène de Cuba. Pendant longtemps, sa culture se réduisit à peu de chose, par suite de toutes les restrictions qu'avait inventées le monopole pour les plantations, l'élaboration des feuilles et les livraisons, qui ne pouvaient avoir

LA PÊCHE DES ÉPONGES.

lieu qu'au moyen d'un contrat passé entre un négociant et le gouvernement. Toutes les récoltes devaient être expédiées à Séville, et, en 1717, elles atteignaient à peine cinq millions de livres! Ce régime avait donné des résultats désastreux, et l'on chercha de bonne heure à l'améliorer. En 1821, le monopole fut aboli et les particuliers débarrassés de toute entrave. Dès le moment où la culture, l'élaboration, la vente furent libres, le tabac devint l'une des branches les plus prospères de l'agriculture, et les transactions auxquelles il donne lieu ne cessent de devenir plus nombreuses et plus multiples.

La culture du tabac demande plus d'intelligence que de travail.

— 25 —

Le choix de la terre où on le sème détermine principalement la qualité qu'il acquiert. Il a besoin d'une terre fine, sablonneuse,

VUE DE MATANZA

fertile et située le plus près possible des rives d'un cours d'eau. Sa végétation vigoureuse appauvrit le sol, et ce n'est qu'à force d'engrais, d'irrigations, que l'on parvient à combattre son épuisement. Le planteur de tabac, le *veguero*, comme on l'appelle, doit montrer une vigilance extrême. Il faut qu'il suive attentivement la croissance de la plante, qu'il enlève les insectes qui s'attachent aux feuilles les plus tendres, qu'il s'étudie à concentrer la sève dans les feuilles, à les conserver sans piqûres, à les délier adroitement et à casser les têtes qui prennent trop de hauteur. La récolte n'exige pas moins de sollicitude, pas moins de précautions. Toute l'île de Cuba convient à la culture du tabac, mais celui qui a le plus de réputation vient principalement dans le département dont la Havane est le chef-lieu et surtout dans le district de Vuelto-Abajo, qui a trente lieues de long sur sept à huit de large. Un hectare consacré à la culture du tabac possède en moyenne trois mille plantes, et la récolte qu'il donne peut atteindre 1,500 livres, si la terre est de première qualité, tandis qu'elle n'est guère que de 7 à 800 livres quand la terre est de qualité inférieure ; mais, quelle que soit la quantité récoltée, le cultivateur y trouve un revenu plus que rémunérateur, d'autant plus que cette culture ne demande qu'un capital assez minime.

Le tabac donne lieu à une industrie fort active à Cuba, et tout naturellement nous sommes amenés à dire quelques mots de la fabrication des cigares, si renommés à juste titre. Cette fabrication est presque un art. Dès qu'arrivent dans les fabriques les *manojas* (c'est ainsi que l'on appelle les petits ballots de feuilles de tabac sèches), on choisit les feuilles destinées aux cigares, et, après les avoir dépliées une par une, on les plonge dans un tonneau contenant une solution de salpêtre. Lorsqu'elles y ont séjourné le temps nécessaire pour être suffisamment humectées et adoucies, on les fait égoutter et sécher, on les développe avec soin pour ne pas les déchirer et l'on en coupe les queues, après quoi on les livre au *torcedor*, véritable artiste en cigares, qui, armé d'un couteau acéré, étend les feuilles, en tranche différentes parties, les tord et les roule en spirale avec une dextérité incroyable ; c'est ainsi qu'en quelques minutes le cigare sort des mains de l'ouvrier. Les *torcedores* sont presque toujours des nègres ou des mulâtres ; parfois, l'on rencontre un Chinois dans leurs rangs. Leur salaire est assez élevé et varie suivant leur habileté.

C'est à la Havane que l'on fabrique le plus de cigares. L'on estime à 220,000 le nombre de ceux exportés de Cuba, et plus de la moitié viennent de cette ville. Ce chiffre nous semble peu élevé, eu égard à la grande consommation que l'on fait des *puros* de la Havane, mais n'oublions pas que la contrefaçon existe là comme partout ailleurs, et peut-être plus : le Français qui fume un véritable havane peut se considérer comme un être privilégié. Les cigares constituent ainsi le grand produit de Cuba ; quant au tabac, la guerre en avait diminué l'exportation d'une façon sensible, et, en 1885, trois millions et demi de kilogrammes, représentant une valeur de 1,200,000 francs seulement, avaient été exportés ; il y avait là une crise, mais, à la différence de celle dont souffrait le commerce du sucre, elle n'était que passagère.

*　*
*

Le café est également un des principaux produits de Cuba, quoique son importation soit assez récente. Le premier caféier fut introduit dans l'île en 1769, et, quelques années plus tard, les colons de Saint-Domingue vinrent en développer la culture, si bien qu'en 1800 l'île comptait une centaine de caféières. Les résultats furent des plus satisfaisants ; aussi bon nombre d'agriculteurs s'empressèrent-ils de planter des caféiers. Cette affluence amena une dépréciation du café, surtout lorsqu'il fut cultivé à Java et au Brésil, de meilleure qualité et à plus bas prix, et il y a là une concurrence à soutenir. En outre, l'inégalité des récoltes est un inconvénient avec lequel il faut compter. Aussi la production du café a-t-elle depuis longtemps diminué à Cuba : pendant l'insurrection de Cespédès, elle ne pouvait plus suffire aux besoins de la consommation locale, et la colonie était obligée de s'adresser à l'étranger. Aujourd'hui, il n'en est plus ainsi. Non-seulement l'île produit le café nécessaire à ses besoins, mais elle en exporte. En 1885, le café exporté représentait 22,000,000 de kilogrammes et une valeur de plus de 6,000,000 de francs. Mais ce résultat ne peut et ne doit faire aucune illusion. Si Cuba a renoncé à produire du coton en présence de la concurrence des États-Unis, Java et le Brésil l'amèneront peu à peu à abandonner le café en tant qu'article d'exportation, et à se borner à demander à son sol la quantité nécessaire à sa consommation. Cuba ne peut plus être une *terre à café*.

Jadis, l'élève des abeilles était considérable, et le miel et la cire, donnaient lieu à des transactions importantes. Aujourd'hui ces productions sont tout à fait secondaires, principalement la cire, qui ne figure à l'exportation que pour un chiffre insignifiant. Quant au miel, il représente encore chaque année plus de 30,000,000 de francs, mais le miel ne sera jamais pour les Cubains qu'une branche de commerce de second ordre.

*　*
*

Il existe dans l'île des mines d'or, de cuivre, des carrières de marbre, d'ardoises. Au début de la colonisation, les Espagnols s'étaient surtout attachés à rechercher l'or. Aujourd'hui les mines d'or ne sont plus exploitées. Il n'en est pas de même de celles de cuivre. Il y a une quarantaine d'années, le cuivre constituait pour Cuba une exportation considérable. Maintenant, depuis que le

Chili s'est en quelque sorte emparé de ce commerce, les Cubains n'exploitent plus leurs mines de cuivre que pour leur usage personnel. Quant aux carrières de marbre et d'ardoises, elles sont pour ainsi dire abandonnées. N'oublions pas que Cuba est avant tout un pays agricole, et que l'industrie n'y existe pas, pour ainsi dire, en dehors des raffineries et des fabriques de cigares. Pour tous les produits manufacturés nécessaires à ses besoins, l'île est obligée de s'adresser à l'étranger.

Cela faisait encore un commerce considérable, quoique le chiffre d'affaires ait sensiblement diminué. Son mouvement commercial atteignait récemment près de 800,000,000 de francs, qui se divisaient à peu près également en importations et en exportations.

Parmi les puissances étrangères en rapport avec cette colonie, il faut placer en première ligne les États-Unis. La moitié du commerce cubain se fait avec l'Union américaine. Au point de vue commercial, Cuba est un pays à peu près *yankee*. Vient ensuite l'Espagne, qui figure pour une centaine de millions, tant importations qu'exportations, et enfin l'Angleterre, l'Allemagne, le Mexique, l'Amérique du Sud. L'Angleterre expédie des cotonnades et achète principalement du rhum. Les Allemands, arrivés depuis peu, essayent de prendre position dans l'île et y montrent, comme partout, une grande énergie et une activité incroyable. Quant à la France, son commerce à Cuba se réduit à peu de chose et ne se chiffre que par quelques millions. Nous y apportons quelques articles de toilette, de la parfumerie, des soieries de Lyon, et nous y achetons des cigares. Nous rencontrons la concurrence des Américains, des Anglais, des Allemands, et n'oublions pas que, dans la plus grande partie de l'Amérique, l'article dit de Paris lutte difficilement contre celui de New-York. La suprématie commerciale échappe de plus en plus à l'Europe dans le Nouveau Monde, et à Cuba plus que partout ailleurs. Nous n'avons rien à y faire au point de vue commercial, et notre rôle y deviendra de plus en plus effacé. Du moment que nous nous plaçons uniquement sur le terrain économique, Cuba ne nous présente aucun intérêt.

II

Il n'en est pas de même si nous la visitons en qualité de touristes : un voyage dans cette grande Antille est, en temps de paix, plein de charmes, car les mœurs des habitants de la colonie espagnole offrent une étude des plus attrayantes.

Lorsqu'on débarque à Cuba, l'on y est tout d'abord frappé de la richesse que l'on trouve dans ses villes. La capitale, la Havane, est une cité de 300,000 habitants. Viennent ensuite une douzaine de villes assez importantes, Santiago, Matanzas, Cienfuegos, Puerto-

Principe, Holguin, Santo-Espiritu, Guanabacoa, Trinidad, Manzanillo, Santa-Clara, Pinal del Rio, Cardenas, Colon, qui toutes ont

PLANTATION DE TABAC.

plus de 20,000 habitants. Quelques-unes sont de grands centres. Santiago a 72,000 âmes, Matanzas 90,000, Cienfuegos 66,000 et Puerto-Principe 50,000. Ces chiffres peuvent déjà donner une idée de la prospérité de Cuba, et, de plus, ce serait tomber dans une singulière erreur que de supposer que ces villes ne sont guère que des centres plus ou moins populeux. On y trouve au contraire tout le confort de la vie européenne unie à l'élégance et à la richesse de l'existence créole.

Dans la plupart des familles cubaines, l'hospitalité est largement pratiquée. Les hommes sont pleins de cordialité et de politesse; ils ont de l'imagination, l'instinct de la poésie, le goût de la musique, mais ils sont fort peu laborieux, et savourent, quand ils ont quelque fortune, le bonheur de ne rien faire. Le jeu et les combats de coqs sont pour eux pleins d'attraits. Les enfants sont élevés avec une faiblesse devenue proverbiale, et on tolère chez eux d'incroyables fantaisies. A peine âgés de trois ans, on les voit souvent ayant d'énormes cigares à la bouche. Toute cette société est assez frivole, et, chez elle, briller est un besoin. Sa culture intellectuelle laisse à désirer, quoique depuis plusieurs années elle ait fait des progrès, surtout à la Havane. Les cérémonies religieuses tiennent une grande place dans son existence, et la semaine sainte rappelle encore le moyen âge par certains côtés. Dans certaines villes, l'on représente les anciens mystères; dans d'autres, on brûle, au carillon des cloches et au bruit de la fusillade, des mannequins de grandeur naturelle, habillés d'une façon ridicule, et qui représentent les Juifs, *Judios* (1).

III

L'autre Antille espagnole a l'avantage d'être une terre à peu près inconnue; c'est, dans tous les cas, une terre oubliée et dont personne ne parle, et cependant c'est une colonie qui n'est pas à dédaigner. Son climat, son sol fertile, ses productions en font une possession précieuse.

Puerto-Rico, situé à l'est d'Haïti, fut découvert en 1493 par les Espagnols, qui, là comme à Cuba, exterminèrent la population indigène en peu d'années. Le nom que les naturels lui donnaient était celui de Boïqua. En 1509, ses mines d'or y attirèrent quelques aventuriers et le premier établissement européen y fut fondé. L'île de Puerto-Rico est la plus petite des quatre grandes Antilles. Elle n'a qu'une superficie de 11,000 kilomètres carrés, c'est-à-dire égale à deux de nos départements, et néanmoins sa population s'élève à 750,000 habitants, dont 420,000 blancs et 330,000 mulâtres et nègres. A Puerto-Rico, l'esclavage n'a jamais existé qu'à titre d'exception, et

(1) Les Juifs, pour les Cubanos, ne sont bons qu'à être brûlés tout vifs. « Ne sont-ce pas, disent-ils, ces *perros de Judios* (ces chiens de Juifs) qui ont fait mourir le Christ? » (PIRON.)

en 1870, au moment de l'émancipation, l'on ne comptait que 50,000 esclaves.

Puerto-Rico brille par le luxe de sa végétation, la variété de ses campagnes, l'éclat de ses fleurs et l'abondance de ses produits. L'île est divisée, de l'est à l'ouest, par une chaîne de montagnes de 900 à 1,300 mètres d'altitude et couvertes de forêts. Au centre et sur la côte septentrionale, on trouve de vastes savanes; à l'intérieur, le pays est des plus pittoresques. Des plaines boisées, de belles vallées bien arrosées, des cascades qui rappellent celles de la Suisse, viennent distraire agréablement le voyageur. A part le Nord, où il y a des plaines basses, humides et souvent fiévreuses, les diverses parties de l'île sont salubres. Grâce aux nombreux petits cours d'eau qui ne tarissent jamais, les terres sont toujours irriguées. Aussi la culture est-elle partout prospère, excepté dans le Nord, où l'on ne trouve guère que des pâturages, connus par la bonté de leurs herbes.

Puerto-Rico est avant tout une colonie agricole. Ses principales productions sont le sucre, le café et le tabac. Là aussi la crise sucrière s'est fait sentir, et l'exportation du sucre a diminué dans de notables proportions, tandis que celle du café augmente; le tabac vient bien, mais il est de qualité inférieure. Quant au maïs, au riz, au coton et au cacao, l'île n'en produit que pour ses besoins. Le gingembre réussit, et les quelques essais qui en ont été faits ont donné de bons résultats. Le bétail constitue une véritable ressource pour la colonie. L'exportation des bestiaux augmente, et les éleveurs forment actuellement la partie la plus aisée de la popution. En un mot, Puerto-Rico a tout ce qu'il faut pour devenir une colonie des plus florissantes, et néanmoins elle ne sait pas tirer parti de ses richesses, car son mouvement commercial est des plus restreints. Tout d'abord l'on s'étonne de cette situation anormale. Cependant elle s'explique facilement lorsqu'on étudie l'état économique de cette Antille.

A Puerto-Rico, on se trouve dans la vieille Espagne. Dans l'intérieur de l'île, les routes n'existent pas et consistent en sentiers battus. De là de très grandes difficultés de communication et de transport. Les institutions de crédit, nécessaires et indispensables aux transactions commerciales, sont à peu près inconnues. Rien ne peut donner une idée de l'apathie, de l'ignorance des planteurs, qui passent l'été sur leurs habitations, à la campagne, et l'hiver dans les petites villes de la colonie. A Puerto-Rico, c'est en vain que l'on chercherait ces grandes cités, ce luxe, cette élégance que l'on trouve à Cuba. Le colon portericain ignore la plupart du temps le confort, et sa demeure reste souvent dans un état pitoyable. Peu lui importe. Son horizon est restreint, et les rapports de son île avec l'Europe sont presque nuls. Sans ambition, sans aspirations, il ne songe pas à modifier son genre d'existence.

Les villes ont quelque chose de monotone, et le calme y va jusqu'à la tristesse. La capitale, San-Juan, assez bien bâtie, possède un bon port et a 26,000 habitants. Ponce, la cité la plus populeuse de l'île, en compte 40,000; San-German, 30,000; Mayagüez, 20,000; Arecibo et Uluado, chacune 24,000. Les autres villes, au nombre d'une trentaine et quoique peuplées de plusieurs milliers d'habitants, ne sont guère que de gros bourgs. En les parcourant, on ne peut se défendre d'un mouvement d'irritation contre l'incurie qui y règne en souveraine. Si une révolution économique s'y accomplissait, Puerto-Rico serait complètement transformée, et à son grand avantage (1).

H. CASTONNET DES FOSSES.

(1) Voir Porfirio VALIENTE, *Réforme à Cuba et Porto-Rico.* (Paris, 1869, in-8°, Chaix.) Voir aussi l'ouvrage de M. CASTONNET DES FOSSES, *Cuba et Puerto-Rico* (Lille, 1889), ainsi que *Cuba e Puerto Rico* (medios de conservar estos dos Antillas en su estado de esplendor). (Paris, E. Dufossé.) On a, en somme, très peu de renseignements sur le mouvement commercial, industriel et agricole de Porto-Rico. (Voir le rapport de JALOUSET dans les *Rapports commerciaux*, 1895, n° 251, et le *Foreign office annual*, n° 1566.) On lira aussi avec intérêt l'étude de C. DE VARIGNY dans la *Revue des Deux Mondes* (janvier 1894). L'auteur est absolument d'accord avec M. Castonnet des Fosses sur la déplorable administration de Cuba et de Puerto-Rico, ces deux îles, espagnoles de nom, de race, mais pas de cœur, toutes deux d'ailleurs sous la dépendance commerciale des Etats-Unis. Ces faits expliquent, d'une part, l'insurrection toujours permanente depuis près de cinquante ans, et ensuite l'immixtion du gouvernement de Washington dans les affaires des deux îles. On ne saurait nier qu'au point de vue économique, si elles devenaient américaines, leur avenir serait plus prospère que sous la domination espagnole, qui, de l'aveu général, a été des plus fâcheuses. Quelle que soit, d'ailleurs, l'issue de la guerre actuelle, on ne peut mettre en doute qu'elle doive avoir pour premier résultat, comme le dit très bien M. G. de Molinari (*Journal des Economistes*, 15 mai 1898), de débarrasser l'Espagne de l'odieux et ruineux système d'exploitation qui a été le facteur principal, sinon unique, de sa ruine. (C. S.)

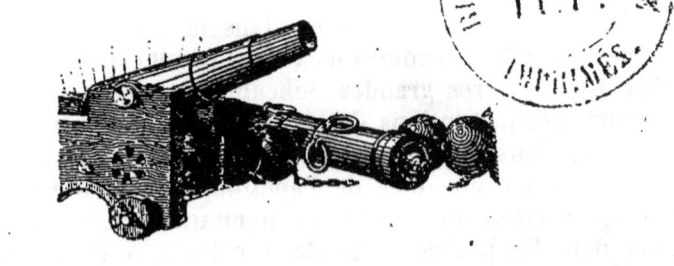

PIÈCE DE FER (PIEZA DE HIERRO).
(Ayant fait partie de l'armement de la caravelle de Christophe Colomb et conservée à la Havane.)

www.ingramcontent.com/pod-product-compliance
Lightning Source LLC
Chambersburg PA
CBHW060518050426
42451CB00009B/1053